科学超入门

月球

好奇心，来到月球！

[韩] 海豚脚足 著
[韩] 李陆达 绘
陈琳 胡利强 许明月 译

化学工业出版社

·北京·

5

假如没有月亮，世界将会怎样？

"咚咚咚！"

"冲啊——"

咦？这是哪来的鼓声、呐喊声呢？

"进攻！把敌船全部击沉，一艘不留！"

公元 1597 年阴历九月十六的晚上，珍岛前海一道湍急、狭窄的海峡里，李舜臣将军率领朝鲜海军与日本海军展开了激战。这就是历史上赫赫有名的"鸣梁大捷"。日本海军出动了 133 艘战船，而朝鲜海军的战船只有 13 艘。以一对十，这是一场敌我力量对比极其悬殊的较量。但是，在李舜臣将军的指挥下，朝鲜海军英勇作战，最后取得了胜利。

在这场战斗中，有一位不为人知的大功臣，那就是月亮。是有一位士兵名叫"月亮"吗？不，是挂在天空中的月亮。李舜臣将军利用涨潮和退潮的规律制订了作战计划，这是获胜的关键因素，而涨潮和退潮现象正是由月亮引起的。

让我们来设想一下：假如没有月亮，世界将会变成什么样呢？

　　没有了月亮，我们到海水浴场就见不到今天一望无际的沙滩了，因为沙滩是潮水来来往往冲刷形成的。如果没有月亮，就不会有涨潮、退潮现象，也就无法形成美丽的沙滩。没有沙滩，我们也就看不到形形色色的贝壳和鸟类。当然，假如没有月亮，李舜臣将军就必须制订其他作战计划了。

正月十五元宵节那天，人们习惯望着天上的圆月，许下一年的愿望。没有了月亮，就不会有元宵节，也不会有每逢满月之夜才会现身的"狼人"的传说了。不仅如此，一天有 24 个小时，也和月亮有关。如果没有月亮，地球上的一天会比现在短得多。如果一天只有 10 个小时，我们的生活将会截然不同。

月亮为什么会给我们的生活带来这么大的影响呢？那是因为月球是距离我们所生活的地球最近的一个天体。正是由于月球离我们很近，所以它看上去比天上的星星要大得多。从很久很久以前开始，人们就对月亮提出了各种各样的问题。

"月亮上的黑色斑纹是怎么形成的呢？"

"月亮的模样为什么会发生变化呢？"

你是不是也曾经仰望着月亮，想到过这些疑问呢？现在，就让我们一起来寻找这些问题的答案吧！

|目|录|

1 观察月亮 8

认真地、仔细地观察月亮，
你会看到什么呢？
古时候的人们又从月亮上
发现了什么呢？

2 月亮的模样为什么会改变？ 34

月亮的形状每天都在发生变化。
有时候像盘子一样又大又圆，
有时候又像眉毛一样又细又弯。
月亮的变化有什么规律，
隐藏着什么秘密呢？

3 每晚都能看见月亮吗？ 58

太阳总是从东边升起。
月亮是从哪儿升起来的呢？
太阳白天在空中绕了一圈，
从西边落下，
夜晚的月亮又是怎样运动
的呢？

1

观察月亮

"月亮？你说的是我们每天晚上都能看到的月亮吗？"

"是的。今天我们来仔细地观察一下月亮吧。别忘了带上望远镜，我还要给你讲讲宇航员探访月球的故事。"

人们望着月亮，
想到了什么呢？

月亮是什么时候开始存在的呢？科学家们认为，月球形成的时间和地球差不多。有谁亲眼看到这一过程了吗？当然不是，这是科学家们对月球上的石头进行研究后推断出来的结论。

"也就是说，我们现在所看到的月亮，和手拿石斧的原始人看到的月亮是同一个月亮。"

原始人看到的月亮、恐龙看到的月亮、在更为遥远的从前地球上最初形成的生命体所"看"到的月亮，就是今天的月亮。不过，当时的生命体是没有眼睛的。

当恐龙抬头望着月亮的时候，它们想到了什么呢？对此我们不得而知。但是，地球上有些动物的确对月亮有着特别的感知，比如海洋里的珊瑚。有一种生活在浅海的珊瑚会在满月的夜晚进行大量繁殖。当珊瑚望着映照在海水中的皎洁月光时，说不定它们会这么想：

"我想好了！我要在满月的时候产卵，这样，孩子们就能借助月光的气韵，健康茁壮地成长。"

和动物不同，人类则留下了许多关于月亮的图画与文字。

还没有发明文字的原始人画下了月亮。在漆黑的夜空中散发出明亮光芒的月亮是多么宝贵啊！有时变大、有时变小的月亮又是多么神奇！

人们望着月亮，还创作了许多美丽的故事。玉兔的传说来自月亮上斑驳的阴影，希腊神话中也有关于月神阿尔忒弥斯的动人的故事。

用望远镜观察月亮的伽利略

在人们望着月亮唱歌、画画、创作故事的时候，世界上出现了一个名叫伽利略的人。他生活在约 400 年前的意大利。你听说过他的名字吗？

那时候，人们都以为地球是整个宇宙的中心，而且地球是固定不动的，但是伽利略却提出地球是不停转动的。人们都是用肉眼看月亮，他却制造出了望远镜。

当人们都在望着月亮唱歌、画画、创作故事的时候，伽利略却在细心地观察月亮。他制造的望远镜，能够把物体放大 20 倍。

当他借助望远镜看月亮时，不禁大吃一惊。那时的人们都以为月亮像镜子那样平滑、光亮，肉眼看上去的确如此。

然而，望远镜里的月亮却大不一样。伽利略发现，月亮其实是凹凸不平的，上面还有许多坑洞，就像遭到了炮弹袭击一样，还有高山和深深的溪谷。

你能想象伽利略看到这些，是多么惊奇吗？

高高悬挂在天上的月亮，一直以来人们认为又圆、又光滑的月亮，原来和地球一样有山、有溪谷。

我们可以猜测，当伽利略看到月亮的真面目时，他的心情一定万分惊讶、激动和兴奋，觉得难以置信。

伽利略对月亮的观察，使得人们对于月亮和宇宙的看法逐渐有了改变。后来，随着望远镜性能的不断提高，人们对于月亮的了解也逐渐深入。

关于月亮的新发现越来越多，人们心中的困惑也越来越多了。

"月亮上的黑色阴影是什么呢？"
"出现在望远镜里的山和溪谷是怎么形成的呢？"
"月亮上也有人居住吗？"

"是的，土星确实有耳朵。"

土星有耳朵？是谁说出这样荒唐的话来？原来，这是伽利略的惊人发现。伽利略是一位伟大的科学家，他完全颠覆了当时人们对于宇宙的看法。

在伽利略生活的年代，荷兰一家眼镜店的主人偶然发明了望远镜。当时的望远镜性能并不那么好，能够放大物体，但很模糊，人们都把它当成一种新奇的玩具。但对于伽利略来说，望远镜却成了他的得力助手。伽利略自己制造了望远镜，并用来观察夜空。有了望远镜，伽利略就拥有了世界上最好的眼睛。

通过望远镜，伽利略看到了许多谁都不曾发现的东西。他看到月球的表面是凹凸不平的，还发现有 4 颗卫星围绕着木星转动。当时的人们认为地球是宇宙的中心，只有地球拥有它的卫星——月球，但伽利略却告诉大家，木星也有卫星，而且有 4 颗那么多！伽利略的观察，逐渐改变了世人对于宇宙的看法。越来越多的人开始认识到，原来地球并不是宇宙的中心。

但是有些东西伽利略也没有看到，那就是土星的光环。伽利略制造出来的望远镜看不到土星的光环，使他误以为土星长着一对"耳朵"。"土星长耳朵"，伽利略的想象力非常奇妙吧？

"静海"里
有水吗?

"静海"、"雨海"、"哥白尼山"……

这是哪个国家的山和海洋的名称吗? 不, 这是月球上的地名。继伽利略用望远镜观察月亮之后, 越来越多的人也好奇地举起了望远镜。随着望远镜性能的提高, 人们清晰地观察到了月球表面的深坑、高山、溪谷等。

连村子里的后山都有名字, 如果在形容月亮上的溪谷时把它说成"月亮最右侧的溪谷"之类, 很容易造成混淆, 于是, 人们就为月亮上的各种地形取了名字。这样, 在飞上月球之前, 人们就已经绘制了月球的地图。

澄海

风暴洋

雨海

　　起初，人们以为月球上也有水。当我们用肉眼观察月亮时，会看到上面有兔子、螃蟹等形状的黑色斑纹。人们认为黑色的部分一定是水。

　　在伽利略生活的年代，望远镜刚刚问世，借助望远镜，人们能够看出月球表面是凹凸不平的，但却看不到那里有没有水，只是想当然地认为有些地方显得黑，一定是充满了水的缘故，于是就把它叫做"海"。"静海"、"雨海"都是月球上那些黑色部分的名称。

　　后来，随着高性能望远镜的出现，人们这才明白月亮上是没有海洋的，但"静海"等名称却一直沿用下来。

　　那么，月球上那些黑色的部分是怎样形成的呢？为什么月球上有些地方黑暗、有些地方明亮呢？在解释这个问题时，我们需要把时间倒转一点。不，是要倒转很多。好，现在时光开始倒流了。

那时的月亮是什么样的？

现在，我们回到了遥远的从前，地球和月球都刚刚形成不久。具体时间大约是 35 亿年前吧。

在月球和地球产生之初，它们就像是两个泥球，而且是熊熊燃烧的泥球。随着时间的推移，泥球逐渐冷却，变成了今天的模样。不过，地球至今还没有完全冷却。

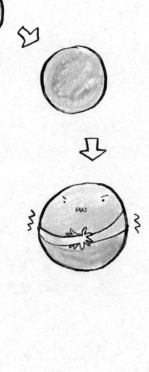

今天，地球上的各个地方还会发
生火山喷发现象，
说明地球内部还没有完全冷却。
月球比地球小，已经彻底冷却，
因此，月球上不再出现火山喷发。

　　35 亿年前的月亮和今天很不一样。月球表面已经冷却、变得坚硬，但月球的中心部位还是炽热的，并没有变硬，而是软绵绵的。

　　不仅地球、月球和今天不同，当时的天空也不一样。今天我们在夜空中能够看到许多星星，但在 35 亿年前，天上的星星比这要多得多。我们在美术课上剪纸做手工的时候，会产生许多碎纸片。同样，在地球和月球形成之初，宇宙里也有许多碎片。

　　那些碎片就是石头，有的像我们的拳头那么大，有的足有韩国的面积那么大。如果庞大的石块与地球发生碰撞，说不定地球会变得支离破碎。幸好这样的情形并没有发生。

　　那些大大小小的石块纷纷落到地球上、月球上。说到这里，你可能会问了：这是谁看到的？他是怎么知道的呢？哈哈！不用亲眼看，也有办法知道。

流星留下的伤痕

你跟着爸爸妈妈去过澡堂吗？妈妈给你搓背的时候，有没有说过这样的话：

"你在哪儿摔了一跤吧？"
"今天你和谁打架了吗？"

咦！妈妈又没有千里眼，她是怎么知道这些的呢？原来，妈妈看到你身上的伤痕，就能猜出你是摔倒了还是被抓伤了。

月亮上也有许多伤痕，那就是遍布在月球表面上的洞。这些洞可不是你想象中一下雨就会填满水的小水坑。月亮上的洞直径可以超过 200 公里，有韩国的一半那么大。

这些洞大部分都是流星坠落时留下的痕迹。流星虽然小，但坠落的速度非常快，在月球表面上砸出又大又深的坑来。我们把这些坑叫做"环形山"（crater）。

流星的坠落，并不仅仅在月球上形成环形山。当流星很大，或坠落的速度很快时，就会形成深深凹陷的大坑，甚至使月球表面出现裂缝，于是，埋藏在月球坚硬外壳下的岩浆就会顺着这些裂缝涌现出来。

什么是岩浆呢？前面我们说过，在 35 亿年前，月球并没有完全冷却，中心部位是软软的，那就是岩浆。火山爆发时喷涌而出的熔岩也是岩浆。简单地说，岩浆就是在高热下融化的石头。

岩浆从地表冒出来，充填了流星坠落所形成的坑洞。这就是月球上的黑色部分，也就是"海"。

岩浆涌出地面，会变成颜色更深的物质。所以在月球上，有岩浆冒出的地方看上去是黑暗的，而没有岩浆的地方则非常明亮。怎么样，现在你明白月亮上的"玉兔"是怎么形成的了吧？

"这里是岩浆
从地下涌出的
地方。"

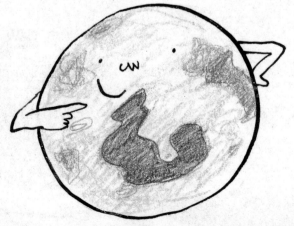

百闻不如一见，
百见不如一行

　　咦！怎么突然学习起汉语来了？别害怕，这几个汉字很简单。"百闻不如一见"的意思是听得再多也不如亲眼见到一次。听上一百遍关于月亮的故事，也不如今天晚上好好地观察一次月亮。

　　人类在地球上出现以后，曾无数次地仰望天空、观察月亮。人们望着高高悬挂在天上的月亮唱歌、画画、创作故事，并萌生了这样一个愿望：

　　"要是能到月亮上看一看，该有多好！"

"百见不如一行"的意思自然是看得再多也不如亲身实践一次。也就是说，远远地观察月亮一百次，也不如亲自到月亮上走一趟。

　　探访月亮成了许多人的梦想。科学家们开始研究飞向月球的方法，但这是一件非常复杂和困难的事。

　　我们可以坐船到北极去探险，但乘坐飞机却无法抵达月球。因为宇宙空间没有空气，飞机是无法飞行的。

　　此外，地球上还有一种看不见的力量，叫"重力"，把我们紧紧地吸附在地球表面。要想克服重力、脱离地球、飞向宇宙，需要有非常快的速度。

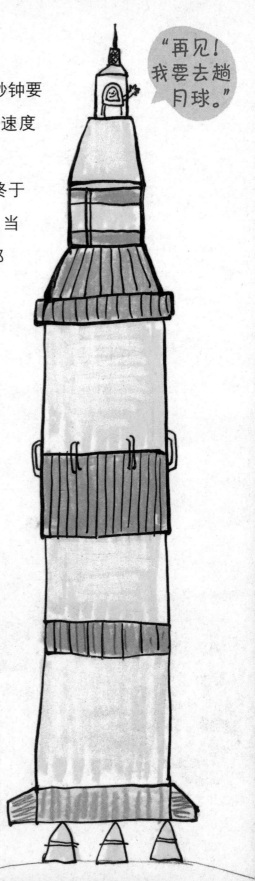

"再见！我要去趟月球。"

究竟需要多快的速度呢？1秒钟要达到11.2公里。这比飞机飞行的速度还要快5倍。

科学家们经过长期的研究，终于找到了解决问题的方法——火箭。当火箭装载的燃料发生燃烧时，尾部会喷出巨大的火焰，火箭就借助火焰的力量腾空而起。火焰的力量越大，火箭的速度就越快。火箭喷发出的火焰使火箭获得了能够脱离地球重力的高速度。

火箭不是随风飞行的，而是借助火焰的推力前进的。它不依靠空气的作用，所以能够在没有空气的宇宙空间飞行。

在火箭上搭载宇宙飞船进行发射，我们不就可以飞向月球了吗？万岁！终于找到了月球旅行的方法。

1969年7月20日

距今40多年前的1969年7月20日，是历史上伟大的一天。那天并不是星期天，但人们都聚集在电视机前，紧张地屏住了呼吸。

当时，有电视机的家庭还很少。孩子们跑到有电视机的邻居家，大人们则密密麻麻地围坐在商店的电视机前。

那天是人类首次登陆月球的日子。7月16日，"阿波罗11号"宇宙飞船载着3名宇航员，从美国肯尼迪航天中心发射升空。运送"阿波罗11号"飞船的"土星5号"火箭喷射出巨大的火焰，奔赴月球。"阿波

身穿宇航服的阿姆斯特朗

完成组装的"土星5号"火箭

宇航员搭乘宇宙飞船

"阿波罗11号"宇宙飞船发射升空

罗 11 号"飞船在宇宙空间经过 38 万公里的长途跋涉，终于到达了月球附近。

"阿波罗 11 号"宇宙飞船由指挥舱、服务舱和登月舱 3 部分组成。登月舱是宇航员在飞船和月球表面之间往返的交通工具，服务舱里有着飞行所需的各种机械装置，指挥舱则是负责控制的部分。

3 名宇航员中的阿姆斯特朗和奥尔德林进入"猎鹰号"登月舱 (Eagle lander)，柯林斯则留在指挥舱内。"猎鹰号"与飞船分离后，缓缓着陆在月球表面，着陆的地点就在"静海"。

实验中的奥尔德林

在月球上登陆的奥尔德林

落在海面的指挥舱

"猎鹰号"登月舱飞离月球

"猎鹰号"着陆后不久，舱门打开，阿姆斯特朗在月球上留下了人类的第一个脚印。人类奔月的梦想终于变成了现实。

　　这一切都通过电视直播，呈现在几亿观众眼前。也许，你的爷爷奶奶还清楚地记得这激动人心的一刻。当时的孩子如果被问起长大以后的愿望，十有八九都会回答说要当宇航员，可见"阿波罗 11 号"登月事件在当时有着多么巨大的影响力。

　　阿姆斯特朗登上月球后，通过电视对全世界人民说了这样一句话：

"这是我个人的一小步，但却是人类的一大步。"

　　望月与登月之间有着天壤之别。就在"猎鹰号"登陆月球前不久还有人曾说，人类会被月球上堆积着的几十米厚的尘土淹没，所以是不可能登上月球的。可见当时在人们的心目中，月球是个多么陌生而可怕的世界。

　　但是，人类战胜了重重困难，终于成功登陆月球，这是人类向茫茫太空迈出的伟大的第一步。

阿姆斯特朗和奥尔德林在月球上停留了 22 个小时，其中的两个半小时，他们离开了登月舱，在月球表面行走。两人在月球上安装了各种实验装置，并采集了月球上的泥土和岩石标本，返回地球。

　　两人漫步月球的画面被录制并保存下来，将来说不定你也有机会看到。在录像中，他们行走的姿势显得非常奇怪。他们不是像我们平时那样轻松自然地前进，而是蹦跳着往前走，身后扬起一大片尘土。这是因为他们来到月球，心情过于兴奋吗？

　　作为世界上最早登上月球的人，他们的激动心情可想而知，但他们并不是因为激动而跳跃前进的。相反，他们是非常小心翼翼的，要是万一出了什么事故，可就回不了地球，要永远留在月球上了。

　　他们之所以会这样轻飘飘地跳着走，是由于重力的缘故。重力就是地球吸附我们的力量。

往空中扔一个球，球不会一直往上飞，而是会掉到地上。这就是重力的作用。

月球上也有重力。所有有质量的物体都有重力，质量越大，重力就越大。

月球比地球小，物体在月球上的重力仅相当于地球上的六分之一。重力是将物体吸附于地面的力量，当重力变小时，会发生什么情形呢？如果往上抛一个球，球会飞得更高；从高处扔下一个物体，它降落的速度会更慢。行走也是同样道理，不管你怎样用力，在月球上走路总是一蹦一跳的。

月球上是没有空气的，没有空气，也就没有风，流星坠落时产生的灰尘不会被吹走，而是层层堆积起来。这就是为什么阿姆斯特朗和奥尔德林在行走时，身后会扬起那么大的尘土。

"阿波罗 11 号"飞船登陆月球后，到 1972 年为止，人类又进行了 5 次登月尝试。人类征服宇宙的梦想还在不断延伸，今天，我们的宇宙飞船已经飞向太阳系的几个行星，它们将成为揭示宇宙奥秘的钥匙，为人类解开许久以来的各种疑问。

月球还有许多秘密等待我们去探索，浩瀚的宇宙空间更是如此。今天晚上，如果你仔细地观察月亮，说不定也会有新的发现呢！加油！

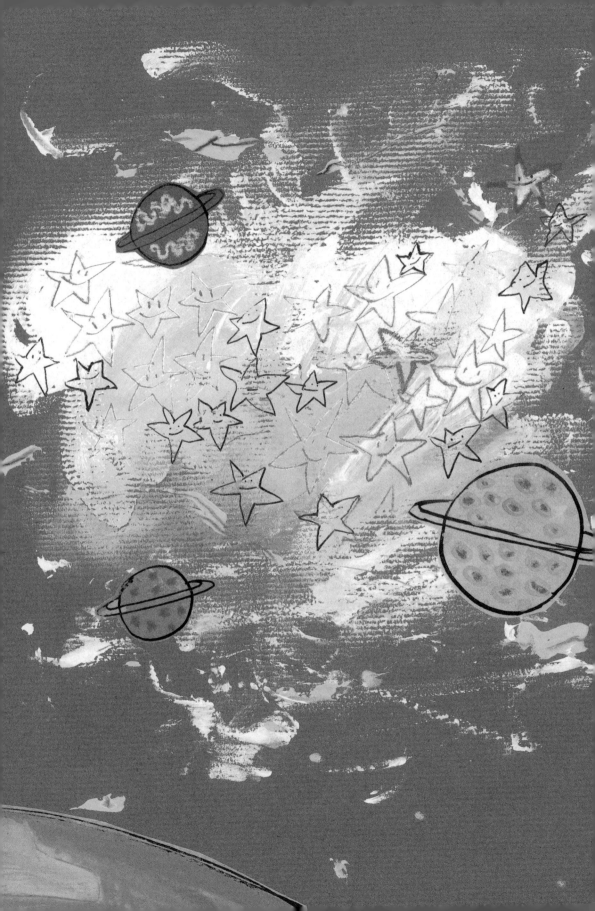

"阿波罗号"的登月故事

继人类将"阿波罗11号"送上月球后，"阿波罗12号"、"阿波罗14号"、"阿波罗15号"、"阿波罗16号"、"阿波罗17号"飞船也相继成功登月。从此，我们对月球有了越来越多的了解。"阿波罗号"的宇航员们登上月球后，他们看到了什么呢？又解开了哪些关于月球的奥秘呢？

实验中的奥尔德林

宇航员们抵达月球后，就忙着进行各种科学实验。他们发动人造地震，观察月球内部的构造，还在月球上设置了激光反射器。

激光反射器

月球车

宇航员们乘坐月球车，在月球表面行驶并完成探测、考察等工作。在月球车的两侧能够清楚地看到飞扬的尘土。
这些尘土是经过几十亿年的漫长时光，在月球表面逐渐堆积起来的。

阿姆斯特朗的脚印

今天，月球上依然保留着阿姆斯特朗的脚印。这是人类在月球上迈出的第一步。

脚印

由于月球上没有空气和水，脚印能够始终保持原样。

登月舱上方的明亮光线是什么呢？那就是太阳。

可是很奇怪，既然太阳升起来了，说明这是白天，但为什么天空是漆黑的呢？

这是由于月球上没有空气的缘故。我们之所以能够在白天看到蔚蓝色的天空，是因为地球被一层厚厚的大气包围。月球上没有这样的大气层，因此无论白天黑夜，天空都是漆黑一片。

登月舱上方的太阳

巨大的月石

科学家们对月石和土壤进行研究，结果发现月球的构成物质与地球十分相似。

服务舱与指挥舱

在登月舱登陆月球的过程中，服务舱与指挥舱相互连接，围绕着月球周围旋转。

月球表面

月球表面上密布着许多流星坠落时留下的坑洞。

直径40米、深10米的坑洞

指挥舱

指挥舱在穿越地球的大气层时，与空气发生剧烈摩擦，产生大量的热。

2 月亮的模样为什么会改变？

"满月过几天会变成半月，再过些天又消失得无影无踪。天上明明只有一个月亮，为什么每天的形状都不一样呢？"

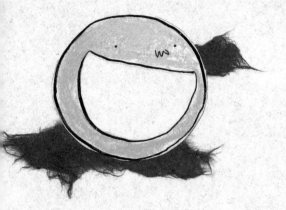

你出生的那天是满月

让爸爸妈妈讲一讲你出生那天的事情吧！他们一定把那一天记得非常清楚。因为对于他们来说，你出生的那一天是他们的一生中最重要、最幸福的日子。

"妈妈每天都在祈祷你能健康地出生。
有一天凌晨，妈妈的肚子疼了起来，
就和爸爸一起赶到医院，
那天晚上你出生了，天上升起了一轮圆月。
妈妈第一次看到那么大、那么明亮的月亮。"

出生在满月的晚上，听起来多么浪漫！你也赶快去问问妈妈吧，在你出生的那个夜晚，天上的月亮是什么模样的呢？

可是，如果妈妈说当时没看见月亮，那怎么办呢？也许你出生在白天，也许她当时没顾得上去看月亮。时光无法倒转，你是不是永远不可能知道当时的月亮是什么样的了？

别担心！只要你记住自己出生的阴历日期，就能知道当天的月亮是什么形状的。你的生日是阴历十月初九？那么那天一定是这样的月亮：𝄐；你的生日是阴历四月二十六？那么那天的月亮就是这样的：☾。

为什么知道阴历生日，就能知道月亮的模样呢？那是因为阴历就是根据月亮的圆缺变化制定出来的。每天晚上，月亮的形状都不一样。有时是圆圆的满月，有时是半月，有时又像眉毛一样细长……

古代的人们通过仔细的观察，发现了月亮的变化是遵循一定的规律的，并以此为根据制定了阴历。这个规律其实非常简单，如果你在一个月内坚持每天晚上认真观察月亮，你也可以发现其中的奥秘。现在就让我们一起来观察月亮吧！

月亮形状的变化规律之一 ❶

　　要观察月亮，需要什么呢？望远镜？星座地图？

　　有了这些工具，当然能看得更仔细些，但没有也没

关系，只要把眼睛睁得大大的，仔细观察就行啦！

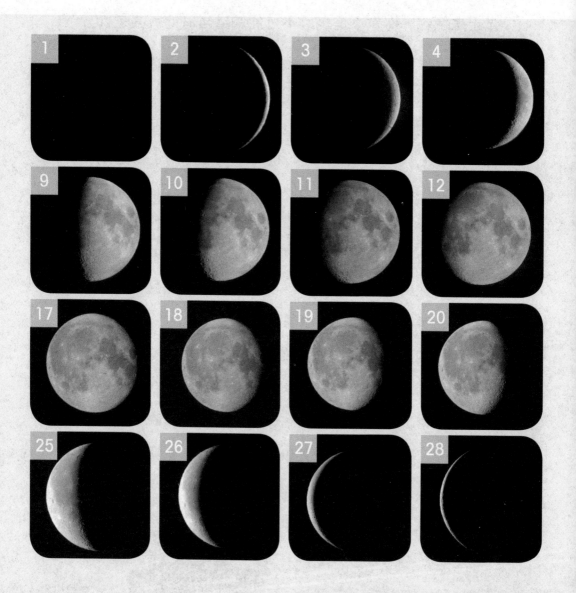

然后在一个本子上记录下观察的日期、月亮所在的方位、月亮的形状，就可以找出变化的规律了。

　　我们一起来试试吧！

"哇！月亮的形状原来是这么变化的！从无到有，又从有到无。"

现在，我们都是科学家了。科学家没有什么了不起的，只要平时在生活中善于观察，勤于思考"为什么会这样"，你的一只脚就跨进了科学的世界。如果你还准备试着去解开这个奥秘，那你就俨然是一个真正的科学家了。你对月亮的形状变化产生了好奇心，为了找到其中的规律，坚持每天观察月亮，现在就只剩下一件事要做了：找出其中的规律。到底有什么规律呢？

"……先是变得越来越大，然后又逐渐变小……"

对了！月亮的形状就是这么变化的，先是慢慢变大，然后又逐渐变小。这就是月亮变化的第一个规律。

正如我们所看到的那样，月亮的形状是按照 ◌ ⇨ ☽ ⇨ ◗ ⇨ ◯ ⇨ ◖ ⇨ ☾ 的顺序变化的，这个顺序是不会改变的，绝不会以 ◖ ⇨ ◗ ⇨ ◯ ⇨ ☽ 或 ◖ ⇨ ◯ ⇨ ◗ 的顺序在天上出现。

也就是说，每个月的第一天我们看不到月亮。接着，圆的右侧部分出现一弯月牙。此后，月亮每晚变得越来越大，直到成为一轮圆月。正如下图所示：

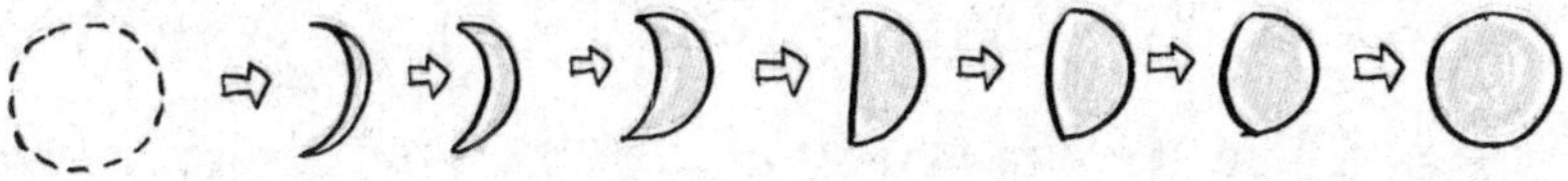

这叫做"盈月"，就像在水罐里逐渐装满水。

圆月之后，月亮的右侧部分开始一点一点地消失不见，最后剩下左侧的一弯残月，宛如一道细细的眉毛：

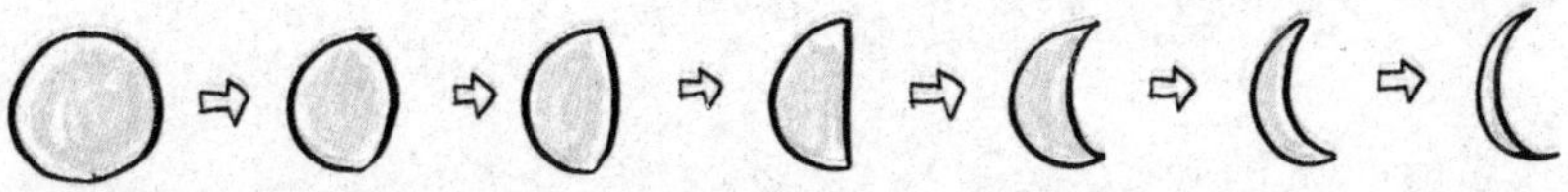

这叫做"亏月"，也就是月亮变得越来越小。

根据月亮形状的不同，人们给它取了许多好听的名字。圆圆的月亮叫"满月"或"望月"，右侧的半月叫"上弦月"，左侧的半月叫"下弦月"。

这样的月亮叫"蛾眉月"，这样的月亮叫"残月"。

我们来总结一下：月亮起初是看不见的，然后按照蛾眉月→上弦月→满月→下弦月→残月的顺序逐渐变化。

月亮形状的变化规律之一 ②

　　月亮形状的变化还有另外一个规律：上述形状变化每个月发生一次。

　　也就是说，月亮的形状经历 ◌ ⇨ ☽ ⇨ ◗ ⇨ ◖ ⇨ ◑ ⇨ ☾ 的变化过程，需要一个月时间，精确地说，是 29 天 12 个小时。于是，人们根据月亮形状的变化规律制定了阴历，看不见月亮的那天是阴历初一，以此类推，从蛾眉月到上弦月、满月、下弦月、残月，完成一个完整的变化过程正好是一个月。

"阴历是根据月亮形状的变化制定出来的。"

因此，阴历初一天上是看不见月亮的，这样的 🌙 蛾眉月出现在阴历初三、初四，阴历初八、初九能看到这样的 🌓 上弦月。

到了阴历十五，天上会升起一轮满月。阴历二十三、二十四则是这样的 🌗 下弦月。

现在，你也能知道自己出生的那天是什么样的月亮了。阴历日期相同，那天的月亮形状也一样。

"中秋节会出现满月，那是因为中秋节是阴历八月十五。阴历每月十五都是满月升起的日子，中秋节自然是满月了。"

除了中秋节以外，我们的大部分节日都是根据阴历制定的。大年初一是阴历元月初一，元宵节是阴历元月十五，端午节是阴历五月初五。

所以，大年初一看不到月亮，元宵节是满月 ⚪，端午节是较为丰满的蛾眉月 🌙。

现在来看看挂在墙上的日历。如今我们使用的日历是阳历的，但在阳历的日期下面还有一些小字，那就是阴历的日期。今天是阴历几号呢？今天晚上的月亮会是什么样子的呢？

我们通常用阳历来计算日期。阴历是以月亮形状的变化为根据制定的，而阳历是以地球绕太阳公转的运动周期为基础制定的历法。对于我们来说，由于平时习惯了阳历，阴历是几号通常并不那么重要。但对渔民而言，阴历却比阳历重要得多。

当我们来到海边，会发现海水在一天里发生两次潮起潮落的现象，海平面逐渐下降的过程叫做"退潮"，海水上涌则叫做"涨潮"。

涨潮和退潮时的情景截然不同。你知道吗？之所以会发生潮水涨落的现象，也是由于月亮的缘故。地球和月球之间存在着一种相互吸引的力量，月球始终围绕着地球旋转，而不会跑到别的地方去，就是因为这种引力的作用。

"月球对地球的引力使潮水发生上涨和退落的现象，这就是涨潮和退潮。"

海水涨落的程度根据月亮的形状而有所不同。满月之日，潮涨潮落的幅度都很大，这叫高潮，上弦月或下弦月时则出现低潮。对于生活在海边的渔民来说，阴历非常重要的原因也正在于此。他们要事先了解海水涨落的高度，才能判断什么时候适宜驾船出海。

古人根据月亮的形状变化制定了阴历，渔民们看到阴历，就能马上知道今天晚上会升起什么样的月亮。

看到这里，你会不会觉得有些疑惑：不是说月球上有山谷和坑洞，表面还有坚硬的石头吗？为什么月亮的形状每天会发生改变呢？

没有光，什么也看不见

　　科学家是一群充满好奇心的人。在这一点上，孩子们和科学家很像。有许多方法可以解开心中的疑惑，科学家常用的方法是自己去寻找答案。答案可能是正确的，也可能是错误的。他们会先做出一个设想，然后再去验证它是否正确。

　　月亮的形状为什么每天会发生变化呢？你也和科学家一样思考一下，给出你的答案吧，错了也不要紧。

　"月亮确实是一会儿大、一会儿小的。"
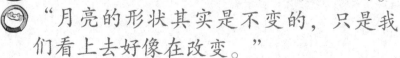　"月亮的形状其实是不变的，只是我们看上去好像在改变。"

先来看看第一个人的答案。月亮真的是忽大忽小、变来变去的吗？

月亮就像橡皮泥一样，可以揪下来一点、粘上去一块吗？可惜，月亮并不是用橡皮泥做成的，而是由坚硬的岩石组成的。只有当非常巨大的彗星碰撞月球时，月亮上才会掉下来一块，所以平时我们是看不到月亮的碎片从天上掉落下来的。

第二个人的答案怎么样呢？月亮是不是始终不变的，只是在我们的眼里显得有时大、有时小？

　　月亮像开灯、关灯一样，一会儿发光、一会儿又不发光吗？不是的。月亮本身是不会发光的，我们的眼睛看不到不发光的物体。

　　等等，那我们现在看的书是怎么回事呢？书也是不发光的，为什么我们能看到它？

　　这是因为我们的身边有光。如果走进黑暗的房间，我们就什么也看不见了，因为房间里的桌子、床不会自己发光，所以我们的眼睛看不到它们。只要把灯打开，房里的物体就会映入眼帘。这是因为电灯会发光，灯光碰到桌子、床被反射回来，我们的眼睛捕捉到反射的光，就能看见物体了。

月亮不会自己发光，但我们的眼睛却能看到它，说明它的附近有一个能够发光的物体。在宇宙里发光的物体是什么呢？

　　给个提示：你知道白天为什么是明亮的吗？

　　答对了！是因为有太阳。太阳的表面温度高达6000多度，是一个熊熊燃烧的大火球。6000度的高温，就连铁块也会马上融化。太阳发出的光和热，是地球上一切生命体得以生存的前提条件。如果没有太阳，地球就会冻得硬邦邦的，成为没有生命、死气沉沉的冰雪世界。

　　我们能够看到月亮，也是由于太阳的缘故，月球能够反射太阳光。也就是说，在漆黑的宇宙空间里，太阳就像一盏明亮的灯，月球反射太阳光，发出光芒。

现在你明白我们为什么能看见月亮了吧？那么，在我们的眼里，月亮的形状为什么会发生变化呢？要想解开这个谜底，我们来做个有趣的实验。

在漆黑的房间里打开一支手电筒，拿一个排球，站在手电筒的前面，然后把身体缓缓地转动一圈，从各个方向仔细观察手里的球。

从不同的方向看，球有什么不一样吗？

你一定会发现，对着灯光的球面部分看上去是明亮的，反面则是黑暗的。根据观察的角度不同，明亮的部分和黑暗的部分会发生变化。

现在，把这个排球想象成月球，明亮的那一面就是我们所看到的部分，黑暗的那一面就是我们看不到的部分。

如果把球正对着手电筒举起来，从 1 号位置看球，由于你看的是手电筒的光照不到的方向，所以手里的球看上去是黑暗的。每个月的农历初一就是这种情形，我们看不见天上的月亮。如果站在 2 号位置，排球看上去就像上弦月 ◗。当你处于 3 号位置，光线从你的身后射来，就能看到整个球，就像满月 ◯ 一样。在 4 号位置上，球如同下弦月 ◖。

这就是月亮的形状每天发生变化的奥秘。月球上向着太阳的部分接受阳光的照射，背对着太阳的部分则照不到阳光。当月球被太阳照亮的一面正对着地球的时候，我们看到的是满月；当月球没有受到阳光照射的一面对着地球时，就是新月，我们看不到月亮。

月亮围绕着
地球旋转

　　要去月球上旅行，需要什么东西呢？首先当然要有宇宙飞船，还有宇航服、氧气筒也是必备物品。去趟月球要花费一个星期左右的时间，所以还得准备充足的食物。除此以外，还有一件东西十分重要，那就是地图。要在广袤的宇宙空间里准确找到月球所在的位置，需要一份标注着月球位置的地图。如果没有地图，你就会惊奇地发现：

我可要到别的地方去了！

向月球出发！

　　咦！月球怎么不是在一个固定的地方，而是不停地变换着位置？

　　既然这样，地图又是怎样绘制而成的呢？我们怎么知道月球运动的规律呢？

　　月球是在不停运动的。但是，它不是随便跑来跑去的，而是在地球周围，沿着一定的路线旋转。因此，我们把月球叫做地球的卫星。月球绕着地球转动，叫做"公转"，月球公转的路线叫做"公转轨道"。

　　其实，不仅月球在转动，我们居住的地球也在转动。月球和地球转动的方式都可以分为公转和自转，公转就是围绕着某种物体旋转，自转就是自己旋转。

　　地球绕着太阳公转一周所需的时间为一年，地球每天自转一周。月球也是一样，一边绕着地球周围旋转，一边自转。

要到月球上去旅行，必须准确地掌握到达月球的那一天月球所处的位置。科学家们利用月球公转的速度，计算出月球所在的方位。

"月球绕着地球公转一周，大约需要27天，所以每天移动约13度。"

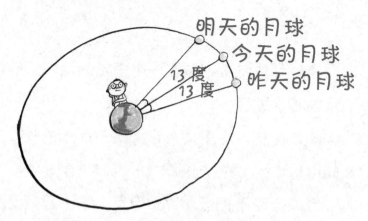

我们虽然做不到像科学家那样精确，但根据月亮的形状，也能够大致判断出月球所在的位置。

月亮的形状为什么会发生变化呢？前面我们已经说过，有时我们看到的是月球被阳光照亮的部分，有时看到的是太阳照不到的黑暗部分。

之所以会这样，是因为月球绕着地球周围公转的缘故。

正是由于月球围绕着地球不停地转动，根据月球所处位置的变化，我们才会在地球上看到不同形状的月亮。当月球处于下图所示的位置时，我们所看到的月亮会是什么样的呢？

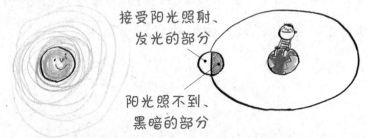

接受阳光照射、发光的部分

阳光照不到、黑暗的部分

我们已经知道，月亮上明亮的部分是接受阳光照射的部分。因此，在上图中，向着太阳的半个月球是明亮的，而向着地球的那一面由于没有受到阳光的照射，地球上的我们是看不到它的，这个时候我们就会觉得天上没有月亮。

这样的情形出现在阴历初一。在这一天，地球、月亮、太阳所处的位置正如上图所示。

我们看到满月的日子，月亮又在哪儿呢？我们在地球上能够看到月球被阳光照亮的部分，说明太阳和月球分别位于地球的两侧。

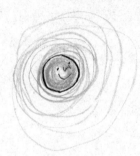

圆月升起来了啦！

那么，上弦月 ◗、下弦月 ◖ 等又出现在什么时候呢？由于月亮的形状是按照 ◯ ⇨ ☽ ⇨ ◗ ⇨ ◯ ⇨ ◖ ⇨ ☾ 的顺序变化的，当月球处于新月和满月的中间位置时，我们能够看到上弦月；当月球处于满月和新月的中间位置时，我们能看到下弦月。

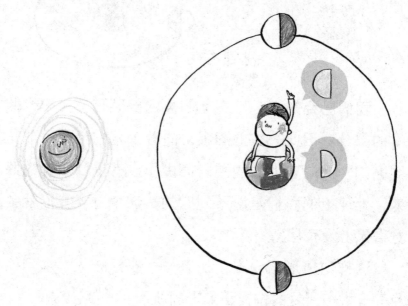

　　我们来看看上图中坐在地球上看月亮的两个孩子。面对我们坐着的孩子能够看到月球明亮的右半边，看不到左半边，所以他看到的是上弦月。背对我们坐着的孩子能够看到月球明亮的左半边，看不到右半边，所以他看到的是下弦月。

从现在开始，每当你看到天上的月亮，不妨闭上眼睛想一想，在这广阔的宇宙空间里，月球是怎样沿着一定的轨道运行的，现在它的位置大约在哪里？从今天起，试着把宇宙装进你的心里吧！

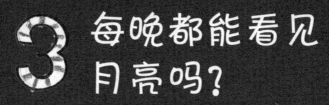

3 每晚都能看见月亮吗？

"你是否曾在黄昏时分等待着残月升起？
真是个急性子的人啊！月亮并
不是每天同一时刻升起的，
根据月亮形状的不同，
出现在天上的时间
也不一样。"

太阳会从西边出来吗？

现在你清醒了没有？知道自己在哪儿了吗？你在无人岛，你漂流到无人岛上了。所以，在海上游泳一定要当心，别以为有救生圈，再深的地方都敢游过去，一不小心，说不定会被波浪卷得远远的，最后流落到无人岛上。

不过值得庆幸的是，这里虽然是无人岛，但好歹回到陆地上来了。在海里待得太久，冰冷的海水会把你冻死的。双脚踏上陆地，一颗心总算是放下来了。别担心，过不了多久，爸爸妈妈就会带着救援人员来找你的，耐心地等着吧！

"肚子好饿，口也渴。"

怎么办？这里没有水，也没有食物。绕着岛走一圈，能不能发现泉水什么的呢？

等一下！这样毫无准备地行动，十有八九会迷路的。置身于无人岛这样陌生的环境，要做的第一件事就是确认方向。

"没有指南针，又没有地图，该怎么分辨方向呢？"

啊哈！别担心，只要天气晴朗，没有指南针和地图，你照样可以分清方向。

先找一找太阳升起的方向，那就是东方。太阳总是从东方升起的。接着看看太阳从哪里落下，那就是西方。太阳总是从西边落下。所以，只要看看太阳，你就很容易分辨哪边是东、哪边是西了。

那么，南北方向该怎样辨别呢？这其实也很简单，张开双臂站好，右臂指向东方，这样左臂自然是指着西方的。此时，你正面对的方向就是北方，背对的方向则是南方。

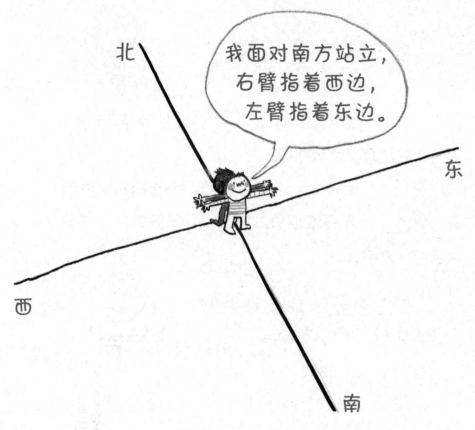

北

我面对南方站立，
右臂指着西边，
左臂指着东边。

东

西

南

怎么样，很简单吧？确定了东南西北以后，就可以决定你要走的方向了。你想往东？好，我们就向岛的东边出发！只要向东走一个小时，再回头向西走一个小时，你就能回到原先出发的地点，绝对不会迷路了。别走得太久，一个小时一定要回来哦！

"没有表，怎么知道一个小时是多久呢？"

别担心，这一次我们也有太阳帮忙！看看太阳在空中的位置，就能知道现在的时间了。

太阳早晨从东方升起，傍晚从西边落下。每天早上6点左右，太阳出现在东方的地平线上，在天空中越升越高。中午12点，太阳高挂在南边的天空，此时是一天中太阳最高的时候。过了12点以后，太阳逐渐西移。晚上6点前后，太阳消失在西方的地平线。

因此，太阳出现在东方的地平线上时是早上6点，位于南边的天空时是中午12点，在西部的地平线上时则是傍晚6点。那么，下午3点的时候太阳在哪儿呢？

"对，太阳在南边和西边天空的中间位置。所以，根据太阳所处的位置，能够判断现在大约是几点。"

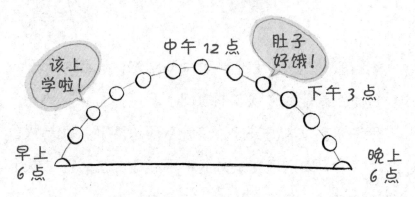

我们可以通过观察太阳在天空中所处的位置来判断时间，是因为太阳是以一定的速度移动的。太阳并不是上午走得快、下午走得慢，而是始终保持一定的速度，就像钟表的指针一样。你可以把太阳想象成挂在空中的一个巨大的钟。

那么，太阳为什么会日复一日地从东方升起，又从西边落下呢？其中的奥秘就是地球，我们居住的家园。

在我们眼里，太阳似乎一直都在移动。但事实上，太阳是固定不动的，始终都在同一个地方，我们的地球每天自行旋转一周，这叫做自转，科学的定义是：天体绕自身的中心轴转动。

你知道地球的自转会造成什么现象吗？我们来做个小实验。把一个排球放在桌子上，再准备一张转椅，坐在椅子上。现在，你就是地球了。慢慢地转动一周，这就是地球的自转。

那么，你面前的排球是什么呢？对了，正是太阳。现在，请张开双臂，观察一下你能看到排球的哪一面。

此时，排球位于你的左臂所指的方向。现在开始转动椅子。

排球在你的正前方了。排球其实是静止不动的，但随着椅子的旋转，排球看上去似乎也在转动。

　　我们看到太阳东升西落，其实也是这个道理。如果地球不会转动，我们就会看到太阳始终处在同一位置，但由于地球每天自转一周，在我们眼中，太阳就每天从东边升起、从西边落下。

　　　不止太阳东升西落，月亮、夜空中的星星也是如此。这都是由于地球每天自转一周的缘故。

　　　怎么，你不信？那我们来做个实验，观察一下月亮到底是怎么运动的吧！

晚上月亮是怎样
运动的呢?

无人岛上的夜晚降临了。由于这里没有灯光，四周显得格外黑暗，完全可以用"伸手不见五指"来形容。不过别担心，今天是阴历十五。阴历十五天上会升起什么样的月亮呢？对，圆盘一样的满月。今夜圆月当空、光辉四射，你一定不会觉得害怕的。

当太阳西沉时，满月就从东方的地平线升起。这里是无人岛，所以你会看到月亮从东边的海平面上升起来，太阳从西边的海平面落下，景色十分壮美。夜色越来越深，月亮也渐渐爬上了南方的天空。午夜12点左右，月亮高挂在正南方。

"满月从东方的海平面上升起，在天空中移动一周，从西边的海平面落下。"

你发现了吗？月亮的移动是非常有规律的，就像挂在空中的一个钟。

在我们的眼里，月亮之所以看上去是以一定的规律运动的，是因为地球每天自转一周的缘故。一天就是地球自转一周所需的时间，我们把一天划分为 24 个小时。

地球以一定的速度自转，所以一夜之间，月亮也保持着一定的速度，在天空中运动。在满月的夜晚，太阳落山时分，月亮从东边的地平线上升起，穿过南方的天空，在清晨太阳即将升起时隐没在西方的地平线下。

现在再次坐到转椅上，把自己想象成地球。排球放在转椅的正前方，它就是太阳。

你所注视的方向就是南方。转动椅子，让自己面对着排球，也就是说，此时太阳出现在南边的天空中。那么这时候应该是几点呢？对了，就是中午12点。

现在，将椅子往地球自转的方向转动。地球自转的方向与钟表指针转动的方向正好相反，所以你需要把椅子往你的左侧转动。地球转动四分之一周需要6个小时，将椅子转动90度，就是晚上6点。再转动90度，就是晚上12点。再转动90度，就是早晨6点。

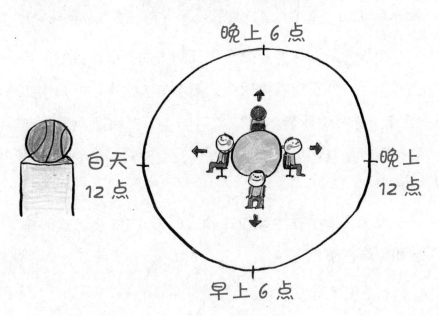

现在，请再准备一个棒球，并张开双臂，坐在椅子上。棒球就是月亮。

刚才已经说过，你注视的方向是南方，你的左臂所指的方向则是东方，右臂正对着西方。这样，你的左臂和右臂分别代表东边的地平线和西边的地平线。

如果把排球和棒球摆放在下图的位置，你会看到什么形状的月亮呢？

由于太阳和月亮正处于相反的方向，所以此时的月亮是满月。你正对着排球（太阳）坐着，现在就是中午12点。这时你能看到棒球（月亮）吗？棒球在你的背后，所以是看不见的。也就是说，白天我们是看不到满月的。

现在把椅子往地球自转的方向转动90度。这时排球和棒球在哪儿呢？

对了，排球（即太阳）在你右臂所指的方向，棒球（即月亮）在你左臂的方向。前面我们说过，你的左臂代表东边的地平线，右臂代表西边的地平线。所以不难理解，傍晚6点，月亮从东边的地平线升起，太阳从西边的地平线落下。接下来再转动90度。

这时棒球处于你的正前方。这时是晚上12点，月亮位于南方的天空中。

排球在你的背后，你看不见它。晚上12点，地球上的人们是看不到太阳的。然后再转动90度。

现在你所看到的是早上 6 点的情景。你的左臂指着排球，右臂对着棒球。早上 6 点，太阳从东边的地平线上露出笑脸，月亮从西边的地平线落下。

现在你明白了吗？月亮也像太阳一样，是东升西落的。这都是地球的自转所造成的现象。

太阳落山，月亮
就会升起来吗？

太阳已经下山
了，为什么还看不
见月亮呢？

这是你在无人岛上度过的第二个夜晚。在无人岛上过夜也不错吧？虽然没有电视，也没有电脑，显得有些无聊，但可以整夜观赏月亮，也不用听妈妈在耳边唠叨学习的事了。

今天的月亮出现得有点晚。昨天太阳下山的时候月亮就升起来了，今天太阳早已不见踪影，月亮却还没有露面。昨天是阴历十五，今天应该会升起一个右边缺了一小块的月亮吧  。

"月亮升起来了！"

月亮终于出现了，像昨天一样，从东边的地平线上升了起来。可是，为什么月亮比昨天出来得晚呢？

这是因为月亮是绕着地球周围公转的。公转的意思，是一个天体围绕着另一个天体转动。月亮沿着一定的规道围绕地球公转，地球则围着太阳公转。

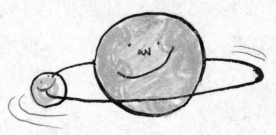

"可是，月亮的公转和它升起的时间有什么关系呢？"

要解释其中的原理，我们不妨来做个简单的实验。

在地上画一个大大的圆，把棒球放在圆上，转椅放在圆心位置，排球放在圆的外面。

这样，地上的圆就是月亮公转的轨道，棒球就是月亮，排球就是太阳，转椅就是地球。

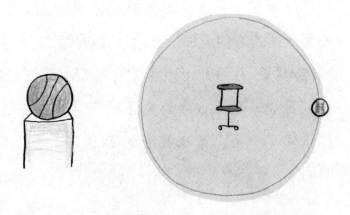

椅子在中间，排球和棒球处于相反的方向，也就是太阳、地球和月亮在一条线上。

此时就是满月之夜月亮在天空中的位置，也就是昨天月亮升起时所在的位置。那么，今天月亮从哪里升起呢？

月亮围绕着地球公转一周所需的时间是 27 天，每天大约移动 13 度。所以，今天的月亮在公转轨道上所处的位置和昨天的月亮是不一样的。现在，请你坐在转椅上，张开双臂。

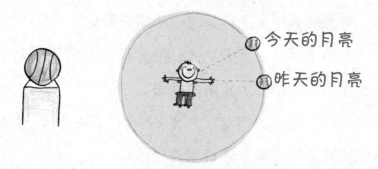

昨天晚上6点，满月升起来的时候，棒球在你的左臂所指的方向。那今天会怎么样呢？左臂的位置看得到棒球吗？看不见，因为月亮沿着公转轨道前进了一点。也就是说，晚上6点月亮还没有升起来。现在把椅子稍微转动一下，意味着地球自转了一些，过去了一点时间。

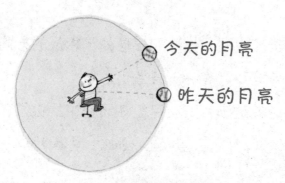

怎么样？现在左臂方向能看到棒球了吧？月亮终于从东边的地平线上升起来了。由于月亮的公转，今天月亮升起的时间比昨天晚了50分钟左右。

明天的月亮什么时候会升起来呢？自然是比今天再晚50分钟。

那么，下弦月是什么时候升起来的呢？先想一想下弦月在什么地方。张开双臂，慢慢地转动椅子，看什么时候排球会出现在左臂所指的方向。

你发现了吗？当地球背对着太阳的晚上 12 点，下弦月才会从东边的地平线上升起。阴历二十三、二十四是下弦月出现的日子，这几天的黄昏时分，你再怎么等，也看不到月亮，一直要到深夜，月亮才会露面。

白天出现的半月

前面我们已经说过，每晚月亮升起的时间都会比前一天稍晚一些。满月在傍晚 6 点升起，下弦月则是在深夜 12 点左右从地平线上升起。

"既然每晚月亮升起的时间都会比前一天稍晚，那么，是不是有时月亮也会在早上或大白天升起来？"

当然了。我们来看看月亮升起的具体时间吧！

阴历初三、初四的蛾眉月在清晨升起。太阳升起一个多小时后，月亮也出来了。月亮在天上移动一周，晚上7点左右，也就是太阳下山一个小时后，月亮也隐没在西方的地平线下。

　　上弦月又是怎么样的呢？上弦月在中午12点左右从东方的地平线上升起，晚上12点从西方的地平线落下。所以说，月亮会在白天升起来的。

"奇怪！我从来没有在白天看到过月亮，这是为什么呢？"

　　那是因为太阳的缘故。白天阳光明亮，所以我们看不到月亮。想象一下，在阳光明媚的中午打开路灯，会怎么样呢？人们根本不会意识到路灯是亮着的，因为阳光太亮了。但当太阳落山、夜晚来临，路灯就会显得分外明亮，因为周围一片黑暗。

　　月亮也是如此。白天阳光太亮，虽然月亮挂在空中，我们也看不见它。但有时太阳被云彩遮住了，我们就会看到月亮，因为阳光减弱了。当然，此时的月亮并不像夜晚的月亮看上去那么明亮。

那么，我们从什么时候可以看到月亮呢？当然是太阳下山以后。如果晚上 7 点以后抬头观察月亮，可以在西方地平线附近看到蛾眉月，上弦月则出现在南方的天空中。

我们来看看蛾眉月升起的阴历初三到满月出现的阴历十五之间，每天太阳落山后的 7 点左右，月亮都出现在什么位置吧。

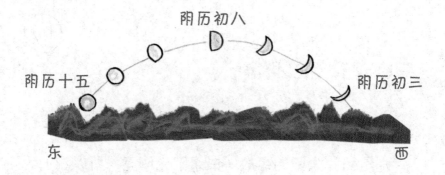

每天在同一时间观察月亮，月亮的位置是稍稍变化的。阴历初三左右，在西方地平线附近能够看到蛾眉月，第二天，月亮的位置会往东偏移一点。

阴历初八、初九，南方的天空中能够看到上弦月，阴历十五那天晚上，满月出现在东方的地平线附近。

每天晚上 7 点准时观察月亮，你会发现，月亮在空中的位置是逐渐变化的，从西往东移动。

月亮的位置之所以发生变化，是因为每天月亮升起的时间都在变化。也就是说，月亮总是从东方的地平线上升起，但升起的时间每天都会晚一点。白天即使月亮挂在天上，由于阳光太亮，我们看不到月亮。

有没有人认为蛾眉月是从西方的天空升起的？这是不对的。太阳落山后，我们在西方的天空看到的月亮并不是刚刚升起来的，而是正在逐渐西落的月亮。

登月旅行好玩吗?

我们的登月旅行到此结束了。怎么样? 关于月亮的许多疑惑是不是都找到了答案?

现在把书合上，你记忆最深刻的是哪一部分内容呢? 第一个用望远镜观察月亮的伽利略的故事? 阿波罗宇宙飞船的探月故事? 还是月亮的形状每天发生变化的奥秘?

恐怕每一位小读者都会有不同的回答。看完这本书以后，也许有人会对月亮更感兴趣，也许有人马上就把月亮忘得一干二净。

不管怎样，请你记住一点：即使是白天，天上也是有月亮的，月亮围绕着地球旋转，总是陪伴在我们的身边。月亮每天都会升起，忙碌的人们却顾不上看它一眼。但我希望你在看完这本书后，能够记得观察月亮，想想现在月亮大概处于宇宙的哪个位置，想想"阿波罗号"的宇航员们留在月球上的登月舱，并对月亮、星星、宇宙展开想象，任何想象都可以，甚至可以想象你乘坐宇宙飞船飞上了月球、想象有一架电梯把地球和月亮连接起来，等等。在一百年前，人们还认为登月是异想天开，但却很快变成了现实。只要我们对月球、星星、宇宙展开丰富的想象，就会发生许许多多奇妙的事情。

记住，月亮和地球只是浩瀚宇宙里的一分子，你自己也是宇宙的一个组成部分。你对宇宙的想象越多，宇宙就会离你越近。

北京市版权局著作权合同登记号：01-2013-5362

图书在版编目（CIP）数据

科学超入门．5：月球，好奇心，来到月球！／[韩]海豚脚足著；[韩]李陆达绘；陈琳，胡利强，许明月译．—北京：化学工业出版社，2014.9（2022.1重印）

ISBN 978-7-122-21115-6

Ⅰ．①科… Ⅱ．①海… ②李… ③陈… ④胡… ⑤许… Ⅲ．①科学知识-青少年读物 ②月球-青少年读物 Ⅳ．①Z228.2 ②P184-49

中国版本图书馆CIP数据核字（2014）第142222号

责任编辑：成荣霞　　　　　　　　　文字编辑：王　琳
责任校对：徐贞珍　　　　　　　　　装帧设计：王晓宇

出版发行：化学工业出版社（北京市东城区青年湖南街13号　邮政编码100011）
印　　装：天津图文方嘉印刷有限公司
710mm×1000mm　1/16　印张 5½　字数 41.5千字
2022年1月北京第1版第10次印刷

购书咨询：010-64518888　　　　　　售后服务：010-64518899
网　　址：http://www.cip.com.cn
凡购买本书，如有缺损质量问题，本社销售中心负责调换。

定　　价：29.80元　　　　　　　　　版权所有　违者必究

科学充满想象，越读越快乐！

最**快乐**的科学书 第一辑

最**快乐**的科学书 第二辑